「私たちは宇宙の愛に包まれている」

「私たちの本質は愛である」

こんな言葉を耳にしたことがあるかもしれません。

それは言葉で説明するものではなく、心で感じるものなのでしょう。

高次元につながったときに私たちが感じる、理屈抜きの「愛」。

「それを使って**宇宙マッサージ**をしています」と語るプリミ恥部さんと、
「**見えない世界**」についてさまざまなメッセージを発信している臨床医の矢作直樹さんが、
「ちょっと**宇宙愛**についておしゃべりしてみましょうか」
ということで、数時間にわたって語り合ったのがこの対談です。
読んでなにか情報を得ようという読み方ではなく、
右脳でぼーっと感じるような読み方をしてみると、
なにか大切な気づきが得られるかもしれません。

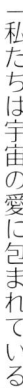

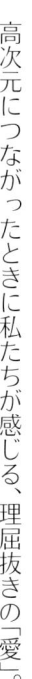

場所――東大病院救急部図書室
司会――宮下知子（アーバンプロ出版センター代表）

再びの宇宙マッサージ！

――お二人は、二〇一三年八月二十一日に「プリミ恥部の宇宙おしゃべり」*でご一緒して以来ですね。宇宙マッサージは今回が2度目ですが、いかがでしたか？

矢作　今回も、すごく気持ちよかったです！　ウトウトといびきをかきかけている自分をみている自分がいる、そういう感じでしたね（笑）

今回は前回と違って、座って目を閉じた瞬間に、薄紫色の光と、その外側に明るい光が見えてきました。その薄紫色の光が、薄い黄緑色と交互に入れ替わるような感じで、ちょうどパソコンの画面の模様（スクリーンセイバー）をみているような感じでしたね。

ロゼッタ星雲→

プリミさんは、何か私の側から感じるものがありましたか？

プリミ　今回は、最初なにか詰まっているものが感じられたので、それを高圧洗浄機のように愛を送りながら洗い流すということをやったんですが、すぐに（地球の時間でいうと10秒前後）チャクラ*が、ＵＦＯが静かに小さく回転するようにスムーズに動きだしたので、その流れにのりながら必要な調整をしていきました。

前回マッサージしたときは、その調整の時間が必要なかった。というのは、マッサージの前におしゃべりをしたせいだと思います。

矢作　あっ、そうでしたね！

＊「プリミ恥部の宇宙おしゃべり」　http://www.hmv.co.jp/serialnews/uchu/　対談の中で一部「宇宙おしゃべり」より抜粋した部分があります。

＊チャクラ（サンスクリット語で「車輪」の意味）　人間の体に存在するエネルギーの出入口のこと。エネルギーが渦を巻きながら出たり入ったりするところからこの名前が付けられている。生命や肉体、精神の働きをコントロールする、非常に重要なエネルギーセンター。（9ページの図参照）

プリミ　おしゃべりの間に詰まりが溶けた状態になっていって、マッサージにとりかかった時には、もう最初からチャクラが十分に開きまくっている感じでした。

矢作　そうでしたか。ほんと、気持ちいいですね！（マッサージ中は）やはり、どこかに行ってるのかなあ。肉体をまったく感じなくなるんですよね。ここにいることは確かなんですけど。

プリミ　前回マッサージしたときは、スイング（体が揺れる感覚）と回転がすごかったですね。あのあといろんな人にマッサージしながら検証してみたんですけど、スイングというのは、宇宙が、上のところを持ってブランコの

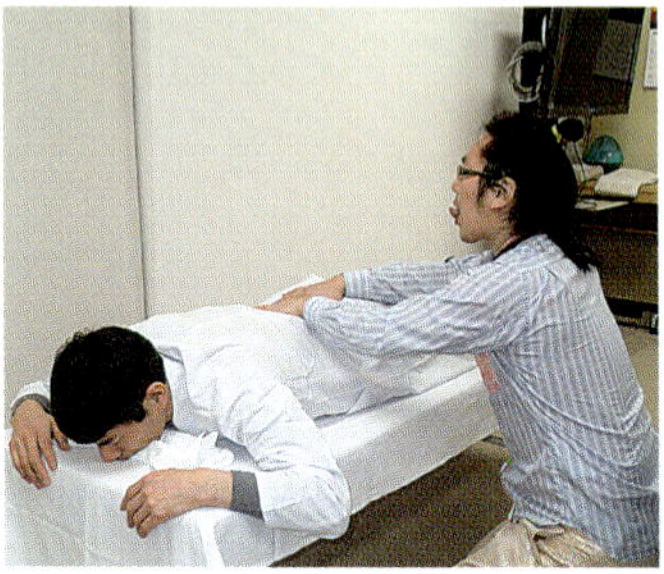

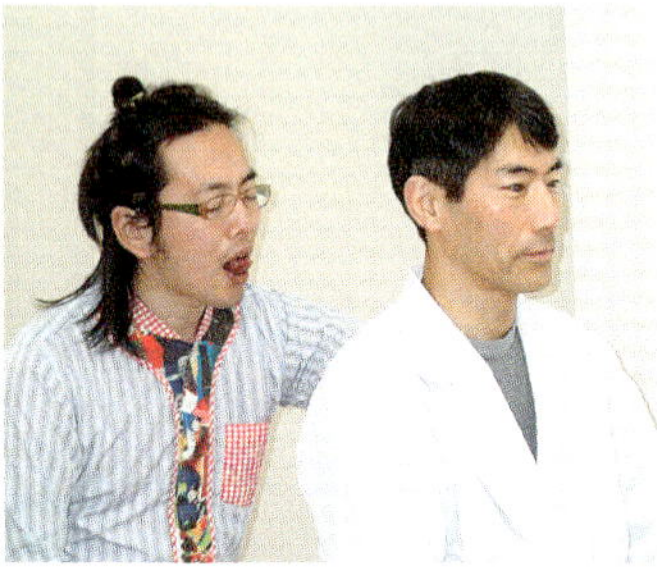

Sahasrara chakra
Ajna chakra
Vishuddha chakra
Anahata chakra
Manipura chakra
Swadhisthana chakra
Muladhara chakra

ように揺らしながら「今」に合わせている状態なんですね。スイングがどんどん大きくなればなるほど、「今」に合ってきて、それが遊園地のバイキングのような大きいスイングで猛スピードになったときに完全に「今」に合う。そうすると、パーンと宇宙の手がはずれて、こんどは無重力状態になって自由に動きだすんですね、ＵＦＯみたいに。

きょうはほぼ最初から、そのＵＦＯの無重力状態から始まった感じなんです。

矢作　ほう、すごいですね。さらさらっと肉体を触られているのはわかるんだけど、普通に触られているのとは全然違う感じ。自分としては肉体を感じていない、意識は別のところにある、という感じでした。

プリミ　肉体ではなく、霊体のほうの手というか、エネルギーで触っているので。体というのは目にみえる形に物質化されていますけど、本来はエネルギー体だしバイブレーションですよね。

矢作　肉体に重なっていくつか体がありますね。エーテル体とかアストラル体とかメンタル体とか。要するに、肉体を触っている感覚はわかるんだけど、自分としては肉体を感じていない状態。ちょっと表現がむずかしくなるんですけど。

プリミ　その、目には映らないレイヤーで感じているんだと思います。前回は、おしゃべり中にほんとに「もう言葉はいらないよね」というくらい愛が響きあって開いちゃって、マッサージがはじまった瞬間に大きなスイングを体験して。あれ以来（マッサージをしていても）ほんとにＵＦＯに乗りながらやっている感覚なんですよ。ＵＦＯに乗りながらやるかぎり愛の調和はぶれない。それ以前もチューニングはやってましたけど、いまは、ごくごく微妙な動きもずれなくなってきちゃった。

矢作　バッチリですね。

プリミ　あのマッサージのときに、突然そのレイヤーをつかんでしまった感じ。まるで忘れていた宇宙人時代の記憶のひとつがあの瞬間よみがえったかのように。

ぼくは、二人の宇宙人時代の記憶がよみがえってきた――

そんなふうに強く感じました。

（宇宙マッサージの）技術が進歩したというより、急に導入された感じ。翌日、はじめて宇宙マッサージを1人きりでしてみて、操縦の仕方もわかってしまいました。以前のマッサージも宇宙技術を使ってはいましたがこれまで使ってこなかった新しい技術でしたから。それがUFOで遊んでいるようでとっても楽しいし、新車を買って乗りまわしているといった感じです。

相手のチャクラの状態によってUFOの動き方がちがうのでそれも1人ひとり楽しいんです。会うたびに相手の状態を感じとってチューンナップしていくような感覚ともいえます。

過去生の記憶

矢作　その、地球に来る前の記憶なんですが、人に言われても自分では覚えてないんですよ。

プリミ　あのスイングは、その一端を体験したんじゃないですか？　地球に来る前の。

矢作　だとしたら、すごく気持ちいいですね。ここにいたんじゃありえないようなスイングだった（笑）地表にいるということは無理してるってことですかね、重力を受けて。

プリミ　そうなんでしょうね。アトランティスやムー大陸、あるいはシャンバラでの過去生記

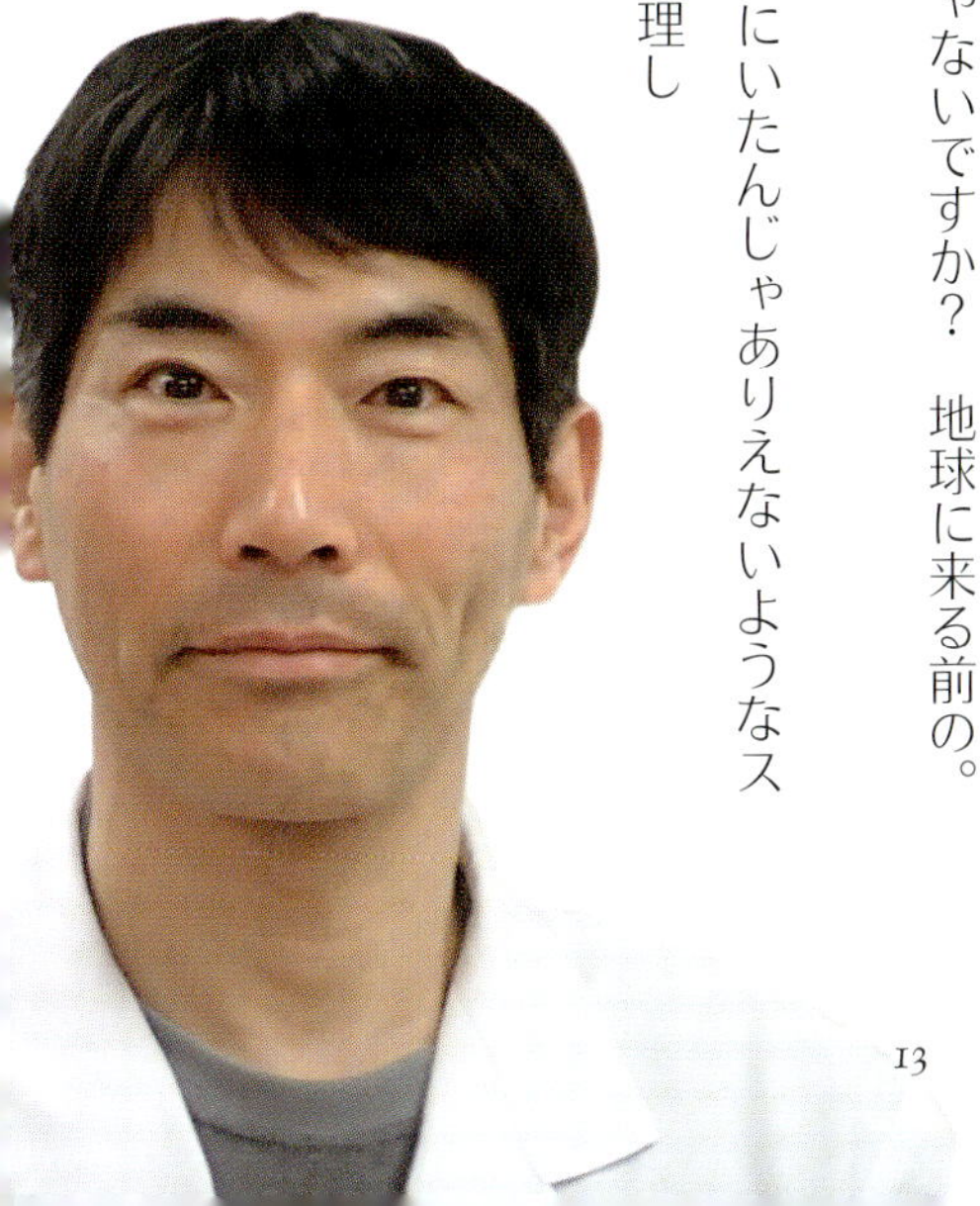

憶はお持ちなんですか？

矢作　そちらの記憶はまったくないです。いまかすかに覚えているのは、イスラエルの南の今のエジプトと思われるところです。それと、人に言われたけれど覚えてないのが日本です。戦国時代にここにいたと言われて、その場所に行ってみたんですけど、残念ながら思い出せませんでした。お城にも入ってみたんですけどね。

——そこにわざわざ足を運んだということは、前世を探る旅はもうずっと続けているということですね。

矢作　いいえ、たまたまです。用事があって行ったところの近くでしたので、思い出して行ってみたわけです。

ところが、さっき言ったエジプトのほうは、景色がとても鮮明に浮かんでくるんですよ。私の記憶にあるのは、たぶん三千年あまり前ころのことです。12支族が分かれる前で、自分はそのひとつの支族の人間として再びこの地に帰ってくることがないことを感じていました。

こういう景色があるところはどこだろうと見ていきますと、世界中にそんなにたくさんあるわけではなく、いくつか絞られてきますね。あのへんか、またはこのへんかと。

そのなかで、複数の人に「いつ頃このへんにいましたよ」と言われて、「ああ、そうなのか」と思ったわけですけど、その場所というのは、海に向かって右手の遠くに森林と山が見え、自分の背の南に砂漠が広がっていたように思います。たぶん三千年あまり前は、まだ木がたくさんあったんではないかと思うんですね。

プリミ　過去生でイスラエルにいたというのは、天皇家の起源がイスラエルにあるという話とは無縁のことなんですか?

矢作　天皇家の系図がはじまるのは、イスラエル12支族が分かれてから三百年後くらいでないでしょうか。

時間の感覚というのは不思議なもので、たとえば、「何年前かに起こったこと」について、「鮮明に覚えている感覚」と、「時を経たという感覚」を、同時に感じることができるんですね。そうかと思えば、1年前のことをすっかり忘れていたりします。

プリミ　きのうのことも忘れていますね（笑）「アンドロメダからシリウスを経由して地球にきた」と言われているって聞きましたけど。

矢作　そこの部分の記憶は、実はないんです。

——プリミさんは、過去生の記憶というのは…？

プリミ　過去生でくっきり感じるところというのは、アトランティスですとか、シャンバラあたりですね。

矢作　一万二千五百年以上前の話ですよね。

プリミ　そうなんですか？　普段ヴィジョン化は特にしていないのですが、美しい神殿だったり、そこから伝わってくるバイブレーションと、宇宙マッサージをするときにいつも直結している感覚があります。その時代の宇宙人が伝えた技術といってもいいかもしれませんが。
マッサージを受ける人も、無条件でそれを気持ちいいと感じてくれているんだと思うんですけど。

矢作　その時代は、現代より非常に科学が進んでいたようですね。詳しいことはよくわからないんですが、その最先端科学のポイントのひとつになっていたシステム――それは音響というか振動に関するシステムだったらしいんですが――それの扱いに失敗してしまい、ドーッと波が寄せてきて大陸が沈んでしまったというようなイメージを私は持っています。

プリミ　音といえば、宇宙マッサージをするときも舌をペチャペチャ動かすので音がするんですが、地球が宇宙技術を積極的に取り入れていた時代の感覚がよみがえる感じがあります。その音をきいて（振動を感じて）、ぼく自身も、受けてる方も、宇宙と一体になって融けて、バイブレーションだけの状態に入っていくというか。

矢作　そういう再現性があるというのは不思議ですね。おそらく共振するからなんでしょう。われわれの体を、スポンジ、水、水蒸気、空気が全部重なって入っている入れものにたとえると、いまはスポンジしか見えていません。でも実は、水のところ、水蒸気のところ、空気のところでも、互いに共振しあい共有しあっているのだと感じます。

プリミ　そのスポンジと水のあいだ、水と水蒸気のあいだの共振しあい共有しあってる「間」に愛を送ると爆発的に愛が響き調和がはじまります。宇宙マッサージでやっている技術のひとつはそれです。

宇宙マッサージをしていると、過去生でいっしょにすごした時代があったとして、その頃がタイムラグなしにスパッと再び始まっちゃうようなことが起きる。

「ああ、この人とは宇宙人時代に出会ってた」と魂が記憶してるような出会いがはじまりだします。その身体を濃密にバイブレーションで知っているんです。それがぼくの場合は、宇宙人時代やアトランティス、シャンバラ時代がもっとも共鳴するのでそのバイブレーションが響く人があらわれると「いた！」みたいに懐かしくなってしまいます。

たとえばレイキや他の様々なヒーリングは、メソッド化されていたりしますけど、レイ

キならレイキのマニュアルだけをやっていてもダメで、実践する人の魂の「ラブ度（クオリティの純度。自由さや深さや解放の度合い）」であるとか、その人がどれだけエゴのない状態にいて、日々ラブで過ごせているかによって、相手の魂に触れる深さがちがってきますね。

天皇陛下の魂、脈々と続いてきてるバイブレーションとしての魂を、どういうふうに感じていますか？　宇宙からきた魂だとか？

天皇陛下の鎮魂パワー

矢作　宇宙からの魂なのかもしれませんが、地球にだいぶいらして、いい意味で地球に慣れている魂であると、そんな気がしますね。

プリミ　現在の天皇皇后両陛下のたたずまいから感じるものは、エゴじゃない「ラブ」。そういう風に、若い人たちはバイブレーションの方向から天皇という存在を感じてみると、実はすごいハッピーバイブレーションを響かせてるんだということに気がつくと思います。

——シェアしたい？

プリミ シェアしたいというか、バイブレーションの方向から感じちゃったら、リスペクトしてしまう人はいっぱいでてくると思います。たとえば近くにあらわれたとしたら、そのハッピーバイブレーションや光量はどんな鈍感な人でも、かすかにでも神威を感じてしまうほどのものではないかと思っています。

——天皇陛下は、国民の目にふれないところでひたすら国民のために祈りを捧げていらっしゃる。でもその有り難さは、「祈りには具体的な力がある」ということを知らない人には実感できないんじゃないでしょうか。祈りなんて単なるオカルトだと思っている人も多いですから。矢作先生が去年の秋にだされた『天皇』という本に

は、そのことをもっと書いてほしかった気がします。

矢作 たしかにそうなんですが、「祈りには力がある」といっても、いくつか要素があるんですね。祈る人の想念の強さであるとか、場のエネルギーであるとか。日本の天皇が神とつながるための神事のように、場のエネルギーを作って行う場合もあれば、西洋の祈りのように数で共振させて行う場合もあります。

――「祈りの力」に関する科学的実験までありますでしょう？

矢作 ええ。欧米ではずいぶんたくさんの実験がやられていて、設定のしかたによっては結果が「無効」とでる場合もありますが、「有効」も確実にあるんですね。私の調べた限りでは、通常の医療に加えて院外から「回復の祈り」を受けるグループと、通常の医療のみを受けるグループに分けて結果を比較すると、「祈りを受けた患者グループ」のほうが、「祈りを受けなかった患者グループ」より明らかに症

カッパドキアの岩窟群（トルコ）→

状が改善したという結果も報告されています。
普通の人が祈っても効果があるわけだから、祈る力の強い人が祈ったらバッチリだと思うんですよね。
あとは、日本の神道でやる祈りのように、場のエネルギーを使う祈り。鎮魂鬼神もそうですし、天皇陛下の「神とつながる神事」もそうですね。

――祈りの有り難さを知らなければ、天皇陛下に対する感謝の気持ちも湧いてこない可能性があると思うんですが。

矢作　実を言うとそこは重要なことなんですけれども、私としては、祈りのような、感覚でとらえにくいものについては、今回は言わずに、現象面について語ることにしたわけです。
たとえば、震災の後、天皇陛下が被災地を周られて鎮魂されているお姿に皆が感動するとか、あるいは、鎮魂のエネルギーがどういうふうに働いているかなんて感じない人でも涙を流すとか、そういった事実を伝えるほうがいいかなと思ったんですよ。

話がそれてしまいますけど、あの靖国問題も、単なる政治問題ではありません。二百四十六万人の英霊たちからみると、天皇陛下の心からの鎮魂にはすごいエネルギーがあるはずなんです。そういうことに言及しないのはポイントをはずしているように思います。ただ単にお参りをするという形式の問題ではないですので。ようやく、憑依《ひょうい》の話なんかも普通にできるようになりましたけど、エネルギー体としての見えない本質的な体、そっちの話をしないと理解できない病気もありますので。

プリミ　魂の話ですね。そういう話はこれからどんどんでてくると思います。

矢作　そうですね。精神病だって、実は肉体ではなく魂のほうに原因がある場合があります。ネガティブな念のエネルギーによる憑依《ひょうい》で病気になっている場合もあるわけです。西洋医学では、肉体を主体にみているので、憑依のようにわからないことがあります。

プリミ　西洋にも黒魔術がありますね。

呪詛・憑依・結界

矢作　ネガティブな想念のエネルギーにより意図的に相手に障害を起こさせる方法（呪詛）はいろいろ出ていますね。念の強いプロがマニュアル通りやればかかるのかもしれません。

私も実をいうと、呪詛かどうかわかりませんがネガティブな念のエネルギーを受けて不調になったことがあります。

――はあ…某勢力にとっては邪魔者なわけですか？（笑）

矢作　そんな高いレベルの相手ではなかったんじゃないかなあ。

一番最初にやられたのは、去年のいまごろでした。

どういう状況になったかというと、明け方、寝ているときに突然、ガーンと体が回転されるような感じになって目が覚めたんです。寝ても覚めても、もう気持ちが悪くて、身のおきどころがない状態になった。最初は、西洋医療でいう回転性眩暈かと思ったんですけど、それにしては直接からだまでつかまれているようでどうも症状がひどすぎる。その時はネガティブな念のエネルギーとは気がつかずに、１週間くらいやりすごしたんですけど。

プリミ　日中もずっと続いたんですか？

矢作　そうです。三十何年間ずっと、病気で休んだのはインフルエンザにかかった1日だけなんですけど、そのとき初めて、久方ぶりに1日休んだんです。そのあとは、目がまわることにも慣れたんで、もう休まなかったですけれど。

そうしたら、今回、また同じ症状がでたんですよ。それで今回は、いつもお世話になっている友人のAさんという霊能力の強い方に調べてもらったところ、「ああ、今ね、ネガティブな念のエネルギーと、それによる憑依《ひょうい》がありますよ」と。

（憑依の）程度は、彼が言うところの「一番ひどいレベル」。「ネガティブな念のエネルギーによる影響もありますね」というから「その影響を取ってください」と言うと、「はい、いま取りましたよ」と、こんな感じなんですよ。

それが、翌日もまたなったんです。今度はすぐにAさんに電話をかけた。

「ああ、また憑依されていますね。またはずしておきます。」

で、3回目にまた来たときに、こんどは、「あなたなら自分ではずせますから」と言われていたので、自分ではずしてみました。それをチェックしてもらうこともできるんですよ。いつ頃そうなって、いつ頃はずれたかということを。このようなことを去年の12月末から2月にかけて12回受けました。

プリミ　体が回転するような、ということで言えば、1回目の宇宙マッサージでも回転する感じがありましたけど。

矢作　あれとは全然違いました。ネガティブな念のエネルギーをからだで感じているときは、すごく不愉快です。よく体感っていう表現をしますが、ああ、こういうことかと。回転の方向とか、スピードがどうこうというのではなく、感覚として気持ちの悪い回転。それでおかしいと思ったんですね。

プリミ　ネガティブな念のエネルギーを送ってきた人に心当たりは？

矢作　はじめはとくに追究しなかったのですが、ふとある人物を思いついてAさんに確認したら、そうだと言っていました。それ以後についてはあえて知ろうとしていません。単に想いが強いだけだったのか、本当に私を狙ってきたのか確認していません。

プリミ　でもしつこく何度もかけてきたということは…

矢作　たぶん、返されたからなんでしょうか。送り付けたネガティブな念のエネルギーを返されたから、コンチクショウと思ったのでしょうか。3回目以後はさまざまな人たちの念でしょう。

それにしても、あのネガティブな念のエネルギーの感覚というのはすごいですね。エネルギーで強烈に体が回る感覚がありました。

――同じような話を別の人から聞いたことがあります。ある宗教団体に入っていた人なんですけど、教祖様のインチキを見つけて、そのことをブログに書いたんですって。「教祖様の本に一部盗作部分を発見した」とかなんとか訴えて、「だから自分は教団をやめます」と書いた。そうしたら、バーっと来たそうです、明け方に。

矢作　宗教団体を名のっているところは、それくらいのことはできるんでしょうね。やるほうが強くて、やられるほうが普通だと、病気になってしまうこともあるでしょうけど、私に対しては無理でしょう、普通のネガティブな念のエネルギーくらいでは。知らないでやったんでしょうかね（笑）

プリミ　宇宙マッサージにくる人で、お店に結界*を張られて呪詛されていた人がいました。本人は気がつかないうちにそのお店にいく度に、商品を買わされてしまう（笑）

矢作　あっ、そうか。結界ってどちらにもいけますものね。内側を浄化して結界を張る場合と、その逆と。

プリミ　スピリチュアルなことを商売にしている人の中には、客が逃げないように結界を張るような人がいますね。

矢作　それはひどい。昔の電球みたいなものですね。すぐ切れないと売れないから、切れやすい電球を作るような（笑）

東日本大震災で、浄化されていない霊があちこちにでてきて問題になっているという話を聞きますね。

実は、月山に用事があって行ったときに、月山の修験道さんがいろいろ教えてくれたんですが、被災地で精神に変調をきたした人が、修験道を頼って家族に連れてこられるんですって。それは実は、（霊による）憑依なんですけど、皆で押さえつけてそれをはずすんだそうです、祝詞をあげながら。そうするとコロッともとに戻って、家族も喜んで連れて帰っていくそうです。「実は結構あるんですよ」と修験道さんが話していましたよ。

＊結界を張る――清浄な領域と普通（もしくは不浄）の領域を区切ること

プリミ　そういう話はマスコミにはでませんね。でてるのかな？

矢作　ＮＨＫで一度やっていましたね。震災で亡くなった人が物質化してでてきたという話。ゴールデンアワーの1時間番組だったと思うんですが、ある家族が――夫婦と男の子2人の4人家族なんですが――長男さんを震災で亡くされた。まだ小学校にあがる前の男の子だったんですが、その子がお父さんの前に現れたんだそうです。その話をそのお父さんが語るという趣向でした。

プリミ　いまのＮＨＫは結構前からどこの民放よりも最新感があると思っています。西洋医療の世界はどうですか？

矢作　そうですね、こっちとしては、まあ、このくらいはいいんじゃないかと（笑）

――今回、「人は死なない」の大胆発言で、大きな流れができました。今年はもっと大

ハート型のサンゴ礁「グレートバリアリーフ」
（オーストラリア）→

胆に発言できるようになるんじゃないですか？

矢作 そうですね。おいおい、その場に応じて話していけばよいかと思っています。若い人のほうが、期待がもてますね。靖国神社や明治神宮などに行ってみると、若い人がとても増えているように思います。

「見えないもの」に気づくタイミング

——祈りの力とか、目にみえないものについては、若い人たちのほうがわかっているとお考えですか。

矢作 もちろんです。若い人もいろいろなんですが、トータルではそうですね。

プリミ 若い世代は、形式ではなく、感覚でとらえることができますね。あの場所にいくと気持ちがいいとか。神社は「バイブレーションをチューニングする装置だ」というのをみんな感覚でとらえだしてると思います。これまでに、何か強いエネルギーを感じた場所ってありましたか。

矢作 私は伊勢神宮の内宮と外宮と、あとは明治神宮ですね。

プリミ 僕もよく明治神宮で宇宙マッサージしたりしてました。亀の石みたいなところがありますよね？　宝物殿の前の芝生の辺とか。

矢作 あそこはすごいですよね（笑）明治天皇ご自身がそういうお力があって、あの場所を見つけられたんだそうです。

プリミ 伊勢神宮は、この前、内宮の新しいほうに行ってきました。あそこは天照大神の社ってことになってますけど、もっと宇宙な、黄金のバイブレーション、エナジーです。宇宙がぽーんと通ってる場所だっていうのを感じました。

矢作　確かに内宮は正殿の方に行くとそれを感じますよね。

プリミ　外宮はどうですか？

矢作　すごくいいですよ！　内宮とはまたちょっと雰囲気が違って。特に人があんまり行かない右の奥の方に大きい木が何本かずーっとあるところがあって。で、その側にお馬さんの家があって。一番向こうの右の方の木のあたりがすごいですね。

プリミ　内宮から20キロぐらい離れたところなんですけど、伊雑宮《いざわのみや》にも行って来ました。

矢作　遙宮《とおのみや》って言われてるようなところですよね？

プリミ　はい。根元が丸々膨れ上がっちゃってるような御神木があったりしてて。そこもすごいバイブレーションでしたね、エネルギーがいっぱいで。これから行ってみたいところは？

矢作　天橋立のところにある籠神社は行ってみたいですね。

プリミ　あ！　そこと、その奥の真名井神社には去年いってきました。とてもよかったです。

矢作　あと阿蘇にある古い神社、幣立神宮にも行ってみたいです。プリミさん、気になるスポットはインスピレーションで？

プリミ　はい。何かこう…キャッチっていうか、サインみたいな感じで入って来る感じですね。
高千穂の秋元神社もすごかったです。秋元神社の裏の山に洞窟があるんですけど、高千穂神社の宮司さんとかの間でも本当の「天岩戸」って言われてるところがあって。そこもぜひ（笑）

矢作　行くところがいっぱいあって楽しみですね～（笑）
エネルギーが強いところに行くと手が勝手に上がって来ちゃう感じ。最初に気付いたのは、結界の内と外でエネルギーが突然変わるんですよね。あれを感じるようになってから、「あれ?」っと思って、「入った、出た、入った、出た」ってやったりして（笑）

プリミ　ぶわ～って無重力、宇宙状態になるんですよね、エネルギーが。

矢作　体全体を柔らかい綿で持ち上げられてるような感じ。すごくおもしろい感覚ですね。

プリミ　そういう場って、エネルギーが出やすい、チャクラが開いてるようなものなんですよね。そんなふうに体感できる場所が増えていって、体感できる方法、技術を体が覚えていくということをとにかくしていったら、すごい宇宙密度になる。

矢作　知識で知ってるのと感覚って全然違いますからね。
これから、＊クリスタル・チルドレン、レインボー・チルドレンとよばれる子どもたちもますます増えていって世の中は大きく変わる。そういう意味で希望がもてますね。団塊の世代は一般的にむずかしいかもしれません。戦後のＧＨＱの唯物論的思考にがっちりはまってしまった世代ですので。
でも、亡くなる前にガラッと変わるということもありえますね。

『人は死なない』を読んだ方からいただくお便りには、だいたい二つのパターンがあるんですが、一つは、「そういうことを自分も体験しているけど、どう処理していいのかわからなかった」と、本を読んだことがカタルシス（浄化）になったというパターン。

もうひとつは、現実に困っている人。高齢者を介護していたり、ご自身が高齢者だったりして、「悩みや迷いがあったが本を読んで安堵した」というパターンです。亡くなる直前、いよいよ死が目前に迫ってくると、急に心がひらかれる人も出てるでしょうね。

プリミ　死期が近づいて、エゴがなくなった状態になったときに、初めてスーッと自然

＊クリスタル・チルドレン――主に一九九五年以降に誕生した、生まれつき高い霊性を備えた子どもたち。豊かな感受性と思いやりに満ち、安定した情緒と穏やかさを持つ。レインボー・チルドレンは、クリスタル・チルドレンを両親に選び、人間の神性や潜在能力というものを具現化して生まれてきた子どもたちで、すでに霊的に最高の状態に達しているといわれる。

に受け入れられるようになるんでしょう。

——それまで待てない気がします。地球の波動も上がってきているし、大学の先生が魂のことをバンバン言うようになって、強制的にそっちに行かされる人もどんどん増えてほしいなと思うんですけど。

矢作　大切なことは、本人の気づきだと思うんですよ。強制ではなく。流れているエネルギーを感じたり、文字から何かを感じたりして、自分で気づいていく。

プリミ　啓蒙みたいなことだとエゴがうまれて愛が見失われていくんです。愛を感じていける環境をつくっていくだけでいいと思うんですよね、押しつけなくても。その人にタイミングがきたときに、自然に響いていくと思うので。こういう対談も、そのきっかけの一つになってくれればうれしいですね。

矢作　「悪いかな」と思って遠慮しながらやると、そこに恣意的なものを感じるけど、天真爛漫にやったら大丈夫じゃないですか？

――あっ、その「天真爛漫」っていいですね！

矢作　だって別にウソかホントかなんて次元の話じゃなくてね。そんなこと議論する意味ないですものね。自然体ってことですよね。いろんなことを意識で潰さない方がいいですよ。

私はお会いすると、その方がだいたいどういう風なことをお考えでどういう風な流れなのかっていうのは直観的に感じるところがあるように思いますね。

プリミ　ぼくも感じます。会ったときから「この人とはどんな縁になっていくか」っていうのが分かるというか。何か仕事をする上でもありますよね？　抗いようがないというか、防ぎようがない、その縁の流れを止めようがないみたいな感じって。

宇宙にグラウンディングする

プリミ　ところで、よく地球にグラウンディングしましょうっていわれるでしょ。地球の中心に合わせましょう、みたいな。でも、地球の中心も宇宙そのものなので、宇宙にグラウンディングするという感覚ですすんだほうがほんとはいいわけです。地球にこれまで長いこと縛られてきたからって、地球にあわせる必要は全然ないわけで（笑）
みんな、地球にグラウンディングするって言われてもピンときていないか、グラウンディングしてみたら地球のストレスをもろにうけて苦しんでる（笑）
地球って宇宙なんだってことを感じるようになれば、ほんとうにラクで気持ちいい状態になれるんです。なんのこだわりもいらない状態になれる。それにはやく気づいてほしいですね。

矢作　それを言葉で伝えて感じてもらうってむずかしいですよね。

ナクル湖国立公園のフラミンゴ
（ケニヤ）→

グラウンディングするということでいえば、佐藤眞志さんという方が行っている「SATOメソッド」という気功があります。これは一般的な気功とはかなり違っていて、要は、「気の重心」が——彼はそういう呼び方をしているんですが——日常生活ではつい上に行ってしまいがちなところを、「SATOメソッド」でエネルギーワークをすると、それを足裏まで下げることができる。さらに、地球の中心、宇宙の中心まで下げることができると。

実際にそれは体感することができるんですが、やったあと歩くと、足が非常に安定感のある状態になって、体が揺れなくなります。さらに宇宙の中心までいくと、体の重さがなくなったような感じになるんです。

そうなると、体も心も非常に快調になるというので、いまそれを教わっている医療関係の人たちが自分のクリニックで患者さんにそれを施術するということをやっています。なかなか治りにくかった腰痛とか肩こりが治りだすというふうに、具体的成果があがっているようです。宇宙マッサージは、これまでどれくらいの人に施術してきたんですか？

プリミ　一万人以上です。

矢作　おお、すばらしい！　3年間で？　1年を250日としたら、1日12人くらいやってる計算になりますね。

そういえば前回おうかがいしたときに、〝宇宙状態〟になると1日40人とか、いくらやっても疲れないとおっしゃっていましたね。それこそ、気功みたいに自分の体を使ってたら疲労してくると思いますね。

私もエネルギーヒーリングをしていると、「相手のエネルギーを受けちゃうんじゃないですか？」ってよく言われるんですけど、そういうのはありませんね。相手もこのエネルギーに同調しないとやっぱり効果がいまひとつですよ。

私の場合は手に返って来るエネルギーで感じて、相手と同調するとば〜っと抜けて行くと同時に手に何か座布団を敷いてるような感じがします。ほわんほわんと「緻密な座布団」みたいなものが一部残って、それと同時に送っているエネルギーが循環してるような感じがあるんですけど、ダメな時はこっちに跳ね返って来る感じがあって、全然抜けないんです。

年齢層は？

プリミ　平均は20歳前後から50歳くらいですが、0歳から90歳まで老若男女を問いません。

（子作りの前に）宇宙マッサージを夫婦で体感して、地球（子宮）に着床して生まれてくる「宇宙マッサージベビー」もいろんな土地で生まれています。

矢作　意外とワイドレンジですね。体が疲れるということはないんですか？

プリミ　宇宙に無限にある愛をつかって脱力し

てやっているので疲れないです。負担にならないポジションを常にとるようにしていますし。

「気をつかわず、愛をつかう」というスタンスで生きてます。

身体が愛のバイブレーションになればなるほど、チャクラを開けたときに宇宙から愛のバイブレーションがはいるようになります。

宇宙マッサージでは最初、首を開通するのですが、首って一番、グッドバイブレーションもバッドバイブレーションも入ってきやすいところなんですね。身体の中がどういう質のバイブレーションかで、はいってくるバイブレーションへの対応がちがってくる。たとえバッドでも、身体内のラブが多ければ愛で溶かして、バッドをラブにすることもできます。

身体がラブなら、愛が集まりやすくなります。

その感覚に慣れてないうちは、普段生活しているなかでバッドとしてはいってきたストレス（生霊、未浄化霊、念、呪詛などをふくむ）を溜め込んでコリになってしまう前に、入ってきた瞬間にコリの原因になるストレスに気づいて、ふたを開けるようにチャクラをパカっとひらいて身体内のバッドを放出すればいいんです。
ぼくは宇宙マッサージの時、舌を動かして音をだしながら、ずっと相手のバッドを（ラブをミックスしながら）吸い続けたりもするのですが、吸ったものはあの舌の使い方をすると、宇宙愛に溶けてしまうんです。これはアトランティスなどで失敗した宇宙技術にラブの技術をくわえることで、地球が宇宙と統一することができることを証明する新しい時代の技術だと感じています。

――素敵ですね！

プリミ　チャクラに関して言えば、口を使って食べたり、しゃべったり、歌ったりするのと同じように、本来チャクラは自分の思い通りにあけたり閉じたりできるんです。口みたいにわかりやすく見えないからみんな使い方を忘れてしまってるだけで。イメージするんじゃなくて、具体的に普段口を使うように開ければいいんです。

矢作　説得力ありますねぇ。イメージじゃない、勘違いじゃないんだと。
おそれいりましたって感じです。

プリミ　実際、チャクラを開けたら気持ちのいいエネルギーが入ってくるから、疑いようがないですね。宇宙マッサージを直接うけたことがある人なら、言ってる感覚を感じとっていただけるはずです。
でも、エゴやバッドな思考になるとすぐまた閉じます。それは一種自己防衛反応ともいえます。チャクラが開いたまま恐怖や心配などをダム湖のように溜め込むと、ラブが入る余地がなくなってしまうから。
でも、チャクラって言葉、知らない人も多いでしょうね。

矢作　そうですか？　けっこう普通に使っていますが。自分がそう思ってるだけかな？

――まだまだだと思いますよ。目に見えないものは無視するように、人類はずっと訓練されてきちゃってるんだと思います。こちらが魂の話をしてるのに、受け手にとっては「おばけの話」になっちゃうこともあるし(笑)

依存させる宗教にはまると人生一回分の損

――ある宗教団体で、20万円を払えば教祖様がチャクラを1個あけてくれるとかいう話を聞いたことがあるんですが、エゴになるとすぐ閉じちゃうんじゃ意味ないですね(笑)

プリミ　下手にチャクラを開けっ放しにされると、悪霊やバッドバイブレーションなどばかりを引き寄せることにもなりかねません。チャクラを開くというのはスピリチュアルでもなんでもないんです。人の機能としてそなわっているものなので、その人の精神性の高さとは関係なく、チャクラが開けばエネルギーが入ってくる。口を開けて食べ物を入れたら栄養になるみたいに。

それで「悟った」ような気になって自分はなんでもＯＫとなった時に、その人がどうありたいかで道が分かれるんだと思います。ラブの道を選ぶのか、「全能者」気分で組織をつくるのか。

コミュニティとか宗教団体とか、とにかく組織を作った時点から、おかしくなっていくんだと思います。そこに集まった人たちが、精神的に自立しないまま指導者にたよるようになってしまうから。で、すっかりはまっちゃってそのことにも気づかなくなる。

自分が一回信じてドップリはまっていったことが間違ってるとは思いたくないですしね。

矢作　変な宗教にはまっちゃったら、人生回り道してしまいますからね。死んでから気がつくにしても。やはり、自分で気づく以外ないんですが、人生をあずけちゃってると…。
一生をかけてやってきたことが間違いだったと否定するのは難しい。

プリミ　その「悟った人（教祖）」がラブの部分をわかっていれば、組織にしたり、団体にしたりというふうにはできないはずなんです。一人ひとりが独立した主体のある存在として宇宙とシンクロできるようにもっていくはずです。

「相手との距離感を見失わず、絶えず変化しているのを感じとっていく」、この間合いがとれないからおかしい関係になってしまう。

それは、夫婦でも親子関係でも言えることで、相手の状況は瞬間瞬間に変化しているものなのに、親子の間の固定した距離感のみで接していこうとしているからうまくいかない。どんな人でもず〜っと変化し続けてるので、いつも同じだと思って接すると全然ズレてたりする。

常に変化を感じる、相手を感じるということを優先していったら、これまでのような宗教のあり方にはならないはずです。不安につけこんで、依存症にさせるような宗教には。

――20歳前後から50歳とおっしゃいましたが、お子さんに宇宙マッサージをされることは？

プリミ　親子でこられたりします。子どもというのは、特に3歳くらいまでは母親と一心同体です。親が感じているストレスは、オッパイなどを通して子どもにスポンジのように吸収される。神経質だったり気を使う子どもなら0歳からストレスで便秘になったりします。

うちの次女も0歳ですが、便秘するので宇宙マッサージすると、泣きわめくんですね。次女にとってはストレスと母親が一体となっているので、ストレスを取り除かれるのは母親と引き離されることを意味するんです。だからすごい抵抗する。それでもつづけていってストレスから解放されると、ウンチがでる（笑）

他にも母子家庭で、母親が夜遅くまで働いているので、小学生の息子は家で1人で帰りを待っている。そのストレスは鬱とおなじくらいのバッドバイブレーションを身体に染み込ませているんですね。

落差世界最大979mのエンジェルフォール
（ベネズエラ）→

その子が、宇宙マッサージをまた受けたいと自分から言って、時々受けにくるのですが、（母親が言うには）以前自転車で転んだ時に、頭から血が噴き出したのに「気持ちいい！」と言ったそうです。病院で何針か縫う手術台の上でも、「もっとやってほしい、また来たい！」と言ったって。

普段の生活のストレスが、血をだすことでデトックスされたんですね。そうやって事故で放出できたほうが日常のストレスよりよっぽど気持ちいい、という例です。だいたい自分がマッサージを受けて、家族にも受けてほしくなったという流れが多いです。

ある息子さんに、末期がんの親に宇宙マッサージをしてほしいといわれたことがありました。親御さん自身は、もう苦しいし早く死にたいと思っているのだけれど、息子さんのほうは、あまり会っていなかったから少しでも長く一緒にいたい。だから死期を延ばしてほしいと。

そういうときは、「でもそれはまわりにいる人間のエゴで、本人の意志ではないからラブではない」と伝えます。まわりの人間が自分たちのエゴから、生きていてほしいという気持ちを抱いているかぎり、病気の当人は気を使って苦しむことになると思います。

結局1年間やりましたが、いよいよ最後というころ、息子さんが看病疲れでかたわらで寝てしまったときに、その親御さんがぼくの手を握り、宇宙マッサージが気持ちいいから、時々パッと起きあがって、「もう死んだかな」みたいなリアクションをするんです。

で、まだ死んでないと思ってまた寝て、また「死んだかな！」みたいなのを繰り返すので、ぼくが看取っちゃうのはどうなんだろうと思いました（笑）宇宙マッサージ中に死んだら相当ハッピーだとは思いますが。

結局そのタイミングではまだ生きてたのでよかったですが。

矢作　そういう、まわりにいる人間のエゴというのがあるんですね。

救急医療でも、露骨に「もうちょっと（命を）もたせられませんか」と身内の人が言ってきたケースがありました。どうしてですかと訊くと、「実は遺産相続の問題が…」

と露骨におっしゃる。

——すごいですね！、エゴが。

プリミ　お金持ちの家に養子で入った人で、小さいころからまったく愛を知らずに生きてきたという人に宇宙マッサージをしたことがあるんです。
その人は周りにいる他人が骨肉の争いを展開する中でひとりポツンと生きてきた。だから（触ってみると）全身のすみずみ骨の中までネガティブな状態になっていて、これはとても一回では終わらないなと思ったので、日を改めて3時間くらいやりました。
50歳くらいまで、ずっと愛を知らないまま生きてきたんですね。実はその人、他の人にマッサージを施している人なんですよ。

――えっ、ヒーラーさんなんですか？　そういう人がヒーリングできるんですか？

プリミ　同じように苦しんでいるバイブレーションの人がくるのだと思います。

――そういう人にヒーリングしてもらいたくないですね。

プリミ　でも、そういう人がヒーリングしだすのにも意味はあると思います。スピリチュアルな道にはいる人でそういう八方塞がりみたいな状況からはじめる人はいっぱいいますよね。ヒーラーの道を選ぶ時、ストレスまっただ中のしんどい自分をどうにかしたいという衝動から入る人も多いのだと思います。

で、その人は、3時間でネガティブが（宇宙マッサージで）一掃されたあとに、帰りの車のなかで、「これまで生きてきて初めて、だいじにされるということがわかったかもしれません」と言ってくれました。とても感動しました。

矢作　いい話ですね。

プリミ　その方は宇宙マッサージを何度かうけていく中で、ラブで生きていくというスタンスに目ざめて、今はどんどんラブで生きることに拍車がかかっていってるようです。その後も会うたびに、よりラブで生きてるのを感じます。

矢作　じゃあ、その方のヒーリングも変わったでしょうね。プリミさん、すごい働きをなさっている。

プリミ　こないだは死んだ直後の方を（マッサージ）してほしいと言われて、しました。毎月、関西でやっている落語家さんのお父さんだったのですが、あるとき行方不明になり、家族が捜索願いをだしたら、「道端で倒れてたおじいさんがいた」という

情報がはいったので見にいったら、やっぱりお父さんだった。1人で散歩中に、脳卒中かなにかで倒れて病院に運ばれてたんですね。

で、入院発覚後すぐに家族から宇宙マッサージをしてほしいと頼まれ、病室にいってきました。

（やってみると）ハートと首の後ろと脳の回路がつまっていたので通したら、そのお父さん、意識が戻り、急速に車椅子でうごけるようになっていったんです。

マッサージはその1回だけだったんですが、その1年後に、「快復もしてきてるので1年ぶりにお父さんをしてほしい」という依頼がきました。

こちらのスケジュールがタイトだったので、「何日の朝早めならできる」と指定し「ではそのタイミングで」となったのですが、京都から京阪電車に乗って現地にむかっている車内でメールがきて「容体が急変しました」と。最寄駅に着く直前でお亡くなりになられたんです。

でも「亡くなった父に（宇宙マッサージ）してもらえませんか」というメッセージが来て、ぼくもなんか落語のような展開だなと思いつつもタクシーでむかい、遺体

サルデーニャ島ネプチューンの洞窟
（イタリア）→

安置所に通されて遺体と御対面〜宇宙マッサージという流れになったんです。もうすでに上空からはお迎えの光のバイブレーションが来ているのですが、（亡くなった）本人はいまいちピンときていない。で、ぼくは神様の無限の愛というバイブレーションをお父さんに送りつづけていたら、「愛ってなに？」みたいなのがぼくに伝わってきた。

そこで、お父さんに、「そこに集まっている落語家さん、落語家さんの弟さん、妻と、1歳の子どもさんを1人ずつ抱きしめてあげてもらえませんか」と伝えたんです。そしたら、普段ハグなんてしないようなお父さんが、宇宙マッサージで愛を感覚としてちょっとずつ感じとってくれてたのもあったのか、立ちあがって1人ずつ抱きしめだしたんです。

そうしたら孫を抱きしめたあたりから、急にお父さんから愛が爆発的にとめどなくあふれだして、すごい大量の愛がご家族にそそがれだしました。

そのハンパない量にぼくが驚いていると、落語家さんがぼくの異変に気づいて「どうかしましたか？」と声をかけてきた。今の一連のやりとりを伝えたら、普段あまり表情をださない、その日も淡々としていた落語家さんが表情を崩して泣きだしたんです。

どちらかというと普段親子の交流も会話もほとんどなかったらしくて、家族で愛を交わし合うというのも、もちろんしてなかったし、お父さんも愛とか死とかを生きてる時に意識するような人じゃなかったから、愛をおしみなくだすというのがこんなに気持ちいいことなのかと、死んだことも忘れて、無限にただただ気持ちいいと愛のエネルギーをだしつづけているんです。

そこには親子とかそんなものは関係なく、愛を感じたよろこびしかないんです。この愛をわかちあうために、このタイミングでお父さんは亡くなって、ぼくもこの愛の瞬間にたちあうべくして、この時間を指定したということが、まさに宇宙タイミングだと思えた出来事でした。

――感動的なエピソードですね。

宇宙マッサージは「宇宙愛」

プリミ　宇宙マッサージを教えてほしいという人がたまにくるんですが。

――おお！　私も教えてほしいです（笑）フランチャイズしませんか？（笑）

プリミ　（笑）宇宙マッサージは、メソッド化して固定された技術や手順でできるようなものではなくて、ポイントはラブの認識というか、宇宙愛の性質をどれだけ把握しているか、なんですね。そこさえわかってしまえば、できるはずなんです。

でも、それが一番むずかしいと、みんな思っちゃってるだろうと思います。

エゴがない状態を、自分が主体をもって

体感できていないと。できているつもりではだめなんで。

矢作 それをうかがって、アボリジニを思い出しました。彼らはテレパシーを使えるじゃないですか。アボリジニの年配の人たちが若い人に言うのは、エゴをなくすことと、ウソをつかないことなんですって。だから、文明人にはできないわけですよ（笑）

プリミ その「ウソをつかない」というのも、すごい重要で。

自分にも相手に対しても、ウソって、巧妙ですよね。逆に言えば、必ずウソをつかなくても済む道筋はあります。

「神様はすべてお見通し」という視点ももちつつ、ウソよりさらに巧妙に、遊ぶようにあ手練手管でウソをつかないようにしていると、だんだんウソをつかない独自の面白い方法がいろいろみえてくると思います。

自分自身にウソをつくという地獄のようなストレスを積み重ねない覚悟が、ラブを迎えいれられる身体をつくります。深い意味で、あらゆることをストレスにしないのがなによりもラブにとって必要なことなので。その細かい作業を見落としなくやればやるほど、宇宙のラブが滝や大雪のように無限に入ってこれる…。

——ウソって無自覚でつきますよね。どうしたらいいんだろう。いつもじーっと自分をみてなきゃ…。

プリミ　そうです。ほんとに感じたことなのか、イマジネーションなのかを見極める。そして、発言するときは、ウソやエゴじゃない状態になってから発言するって感じですね。

——そうすると、寡黙になりますね。

プリミ　はい、しゃべらなくてもよくなってくる（笑）

矢作　で、最後はテレパシーになる？（笑）

プリミ　宇宙マッサージをするときは、その「ウソでもエゴでもない状態（バイブレーションの状態）」にいかになるか。それによって、入ってくるラブのクオリティ（深さや大きさなど）がきまってくると感じています。

――じゃ、そういう状態に自分がなっていれば、だれでも宇宙マッサージはできる？

プリミ　できます。
ある人に、「プリさんは話すときの声が小さい。それは、自分が感じていることを、じっとみながら話しているせいだと思う」と言われたんですが、そのとおりなのかもしれません。

ラブを感じながら話す、つまり自分をエゴじゃない状態にしてから口に出すということが、宇宙と連動したときに自然に起こる。

だから、しゃべることが「自分の主張」ではないんです。それは公に発言されている時の天皇皇后両陛下をみていても感じます。

しゃべる、イコール「宇宙のバイブレーションとして出す」ということでしょう。宇宙と一体になればなるほど、どんな行動も微かに動いただけで波紋のように無限にひろがり影響します。

トークショーなどで話しつづけると、宇宙マッサージ状態になって会場が愛のバイブレーションの海のように満ち満ちていくのを感じます。それが一番魂や身体にビビッドに伝わりやすい気がしています。

スピリチュアルな人をみてるとよく愛が抜け落ちてるのを感じるんですけど、一方的に「あなたの未来はこうこうで…」なんて急に言っちゃう人がけっこういますよね（笑）

相手がそれを言ったらどう感じるかへの配慮がまったくないというか、相手を無視しちゃってる場合がほとんどのような気がします。見えるのはいいけれど、それをいきなり伝えて、相手をわけわかんない状況にしてしまうというのはどうなんでしょう。「愛」がない。

――それを今学んでいるような気がします。その「距離感をとる」ってことが「ラブ」なんだってことを。

プリミ　その時、その瞬間、つたえるべき絶妙な言霊《ことだま》というのがあります。それを無視して、自分が思いついたこととか、「こんなのが見えてますよ〜」などと伝えてしまうのは、まったくラブじゃない。

宇宙タイミング、そこを感じられればすべてに絶妙な調和がはじまる。相手との距離を、その変化を全部感じられれば、あらゆること、すべてと響き合って調和する状態になりますよね。

――深いですね！。小声でそっと話すところがもうラブなんですよね。

プリミ　そう。ウィスパー（笑）

矢作　自分も戒めてます、言っちゃってから。すべては言霊なんですよね。

プリミ　ぼくは「ラブを使う」という言い方をしてるんですけど、行動も発言もラブ基準にする。ラブというエネルギーそのものを活かしていく状態にする。ラブが生き生きと自由にいろんなものに使われていくようにする――そこに意識を持っていってるんだと思います。

――けっして押しつけないんですね。

プリミ　はい。そこに気づきが生まれるんだと思います。愛を基準にしている宇宙人が

地球にあまり干渉しないのも、そこが理由です。愛でしか交流できない。いわゆるチャネラー*さんを宇宙マッサージすることがあるんですが、上のチャクラだけで交信しているせいか、地球の自分と分離しちゃってることが多いですね。普段の自分と、チャネリングしているときの自分があまりにもかけ離れていて、チャネリング中はラブになれる人も、普段の自分はエゴでひどく疲れてしまう。そのギャップを統一するための宇宙マッサージをすることもあります。

普段の自分がラブを感じられる状態にいるということが大切です。絶えず相手の状態を感じ取れていないとそれがズレていっちゃう。その相手との距離というか、「間合い」のようなものをずっと感じながら、動いているんだと思います。

その「間合い」がわかればラブが使える。

――素敵です。プリミさんは常にラブの中にいるんですね。でも相手が大勢だったら、どうするんですか？

火山活動で生まれた４万もの石柱群ジャイアンツ・コーズウェー
（北アイルランド）→

プリミ　同じです。相手の状態はいろいろで、チャクラの状態もバラバラですが、根源は同じなので、愛を使う人のクオリティの深さ次第でだれもが響くことができるんです。しかも根源はあらゆる物事に存在していて、その物事との間合いに根源の入り口があります。

その間合いに愛のエネルギーをいれていく。間合いにある無限の時空に、泉のように愛をおくって宇宙マッサージしていく感じです。

だから、基本的には、相手が複数でも、場所であっても、物事でも、同じです。

矢作　なるほど。相手を気づかいながら伝えていくという意味では、いまのメディアというのは、ていねいなやりとりを許さないしくみですよね。伝える側がそうしたくても、見えない相手に向かって、限られた時間で、決まった量の情報を流さなければ

＊チャネラー――常識的な通信手段では情報をやりとりできないような相手（高次の霊的存在・神・死者・宇宙人・未来人など）の意識を人に伝える媒介者。宇宙存在と交信する人。霊媒者。

ばならない。
普通の情報伝達のなかに、たとえば、愛を伝える時間というようなものがあればいいですね。２分間でもいいから「○○のほうが、現場ではもっといいんですよ」というような情報を伝えて行く。「いまから愛の時間」とか（笑）
私は、皇后陛下のしゃべり方にそれを感じるんですよね。

「愛」でいること

プリミ　そうですね。天皇皇后両陛下のスタンスには、その「愛でいる」ということを踏まえて行動なさっていることを強く感じますね。だからこそ、被災地を訪問されたときに皆がわーっとハッピーな状態になれるんだと思います。
やはり、バイブレーションなんですね。もしもそこに、エゴや権威が見えてしまったら、あきらかに空気が凍りつくだろうと思うんですけど。

矢作　どんな人でも感じられる、基本的なところに響いているんでしょうね。理屈ではなく。

プリミ　老若男女関係なく響いちゃうというのは、日々すごされている中での儀式、そこから得られているバイブレーション、感じていらっしゃること、そして、「神のスタンスがラブであること」、それらをそのまま体現してらっしゃるからなんでしょうね。そうじゃないと、伝わらないはずですよね。

矢作　本当におふたりのバイブレーションはすごいですね。

東大病院に検査入院なさると、お帰りになる場所は決まっているんですが、そのときの玄関の雰囲気というのは、もう言葉では表現できないほどすごいです。

ＳＰがたくさんいるし、最近はインターネットで予告されちゃうから、見舞い客や患者さんたちがその頃になるとワーッと集まってくるんですね。病棟の出口のガラス戸は混乱を避けるために一時閉鎖するんですが、その向こう側を、両陛下が病院長に先導されてお歩きになり、いったん立ち止まられてご挨拶なさるんですが、そのときの盛り上がりはもう本当にすごいですよ。

――そうなんですか！　魂の歓喜でしょうか。

矢作　そう思います。天皇批判を展開する人も、天皇皇后両陛下のエネルギーを直接感じる機会があったら、考えが変わるだろうと思っています。そばに行っても、そのバイブレーションを感じられないとしたら、ひょっとして人間ではないのかもしれませんよ（笑）

――いろいろ批判があっても、「あれ？　自分はどうして涙がでてくるんだろう」と感じる体験、理屈抜きの体験が必要なのかもしれませんね。

矢作 脳みそで作られたものというのは、本当でない場合も多々あるので、やはり「感じること」が一番重要だと私は思いますね。

日本は天皇の祈りに守られている

――霊的なことに敏感になるにつれて、自然に、「皇室の存在によって日本が守られていること」が感じ取れるようになっていくような気がしています。

矢作 そうですね。皇居という場所や、天皇家――別の流れが入って来たのだとしても――によって継承されてきた様々な神事も、とても強い力としてこの国を守っていることは確かだと思います。

プリミ　伊勢神宮など、神社にいって感じるバイブレーションってありますよね。天皇陛下がその中に入ってご神体と一緒になり、そのバイブレーションを日々いろんな場所に持ち込んでいらっしゃるということに、そしてそういうことが可能だということに、気づいている人が少ないんだと思います。気づかないようにさせられちゃってるというか。

矢作　反対している人たちは、「刷りこみ」されてるからしかたないとは思うんですが、あれこれ考えすぎずにひと目見ればいいと思うんですね。刷り込みなんて、一瞬で消えることもあるんです。「お会いした瞬間に好きになっちゃった」とかね。東日本大震災で、天皇皇后両陛下の被災地への御行幸啓を体験された方がそんな話をなさるのをよく聞きますよ。

プリミ　これまでは、たまにニュースで挨拶のシーンを見るだけの遠い存在だったのが、実際に体感してみるとまったく違うんでしょうね。

――でも、体感できない人、理屈でガチガチの人には、理屈でいくしかないのではないでしょうか。さっきの繰り返しになりますが、祈ってくださっていることに有り難さを感じてもらうためには、「祈りの力」から解き明かしていくしかないのでは？

矢作　もちろん、そうなんですが。見えない世界のことは、「わかろうとする人にはわかるし、わかるまいと思っている人にはいくら証拠があってもわからない」という、ギャグのような格言があるんです。理屈でわかるように説明するにはどうすればいいのか…。まだ答えがでないんです。

――祈りのパワーを感じてもらえる具体例ってありますか？

矢作　簡単な例では、エネルギーヒーリングでも祈り、想い、あるいは無我になってやりますが、同調した相手はさまざまな心身の感覚の変容を感じるようです。人によっては体が勝手に動いて踊りを踊っているように見えます。

愛国心とワンネス

――ご著書の中で、「愛国」について触れている部分があって、強い印象を受けました。「愛国心」というものも、人々の意識が上がっていけば、いずれいらなくなるときがくる、と書いてらっしゃる。

矢作　そうですよ。「愛国心」という言葉は手あかがついていますから要注意だと思うんですけど、要は、神様から分《わ》け御霊《みたま》をいただき、家族や地域、自分を生かしてもらっている土地、そういうものへの愛なんですね。

――そういう愛をいだくのは当然のことだと書いてらして、でもそのあとにさりげなく、いずれはそれもなくなるときがあると書いてあったので、すごく感銘をうけました。「愛国心」って、「ワンネス」*の意識とは矛盾するような気がしていましたので。

矢作　近未来の話と、めざす目標とを、分けてとらえる必要があるんですよ。「スピ系左翼」という言葉が最近あるらしいんですが、いきなり高いところをめざしても無理があるんですね。いまの現状をまったく無視して、究極の理想だけを説くというのは。

プリミ　そういう人はドロップアウトして、ヒッピーのほうにいっちゃう（笑）

矢作　やはり、目指す方向性と、現実を見つめて一歩一歩確実に現実的に進んでいくこととは分けて考えないといけないと思います。

*「ワンネス」の意識——ONENESSとはONEの名詞形つまり「ひとつであること」。すべてがひとつであると理解している人の心の状態のこと。自分の目に映る世界すべてが私自身であるという意識。

プリミ　「ワンネス」って言ってる人たちって、社会と離れてしまうことが多いですけど、それじゃ意味がないです。現実社会の中でラブが機能してはじめて意味があるんだと思う。これこそが「地球＝宇宙時代のラブ」なんで。「いまの社会はダメ」って批判だけしてドロップアウトするんじゃ、ラブの可能性を感じられませんよね。

矢作　それは神様の意思と違いますよね。

プリミ　エゴでしかない。浸っちゃってるだけというか。社会から隔絶する方向にいくのは間違ってますね。

矢作　人間の意識にも段階がありますからね。基本的に受け入れられることにも。その段階を判断することが人間の叡智だと思うんですね。

パタゴニアのペリト・モレノ氷河
（アルゼンチン）→

――第二次大戦後にその「愛国」が根絶やしにされちゃったわけですから、いまはまず、「自分のいるところへの愛」を取り戻すところから始めましょうということですね。

すべては宇宙の采配

プリミ　でも、ちゃんと必要なときに必要な映画があらわれたり、必要な本を書く人があらわれたり。うまいことできてますよね。すごいタイミングの良さで。

――プリミさんという人が現れて、今このタイミングで宇宙マッサージを始めたというのもそうですね。今ほどほどの年齢に達していて。だって、たった今生まれたんじゃまにあわないわけですから（笑）

矢作　神の配剤ってやつですね。

プリミ　気持ちいいですよね。宇宙は絶妙にすべてうまくいっている。

矢作　理屈抜きですね。宇宙が全部用意してくれて、全部つながっている。プリミさんとの出会いもそうです。雲黒斎さんという方が呼んでくれた集まりで初めてお会いしたんですよ。二〇一三年の夏だったと思いますが。そのときは、ほら、お忙しそうだったので。プリミさん、みんなに大人気だったから。

プリミ　ははははは（笑）

矢作　横で、すごいなあ、面白そうだなあと思って。そのときは引き揚げてきたんですけど、そのあとでしたよね。

プリミ　そうです。気にしてくださっているみたいなことを聞いて。それでAさんに紹介していただいて。

矢作　プリミさんの人気はすごかったですね～。あの場がめちゃくちゃ盛り上がっていました。光っているんですよ。

——宇宙マッサージも、ご自分からは何も宣伝しないのに、ぱーっとひろがっちゃったんですって？

プリミ　そうですね。主張すると、どうしてもエゴが入ってしまうので。だから、バイブレーションのみ。さっき話したような状態でいこうというスタンスです。そうすると、みなさんがそのバイブレーションを感じて、来てくださるという

ことなのでしょうね。だから、基本はやはり「ラブ」なんだと思います。

矢作　わかれば、理屈はいらないですからね。薬が効いたかどうかなどというよりも、もっとはっきり感覚としてわかるわけですから。

プリミ　それが伝わる度合いを大きくしていけばいいのでしょうね。より「ラブ」になっていく出会いを、宇宙が絶妙なタイミングで用意してくれている。

――不思議だなぁと思うのは、宇宙マッサージと聞いて、どんなものかもわからないのに「受けたい」と思うってこと。受けたいと思わせている見えざる力が働いているみたいで。

宇宙愛は高次元とつながった時の愛

――今年は「愛」を感じる人がもっと増えていくと思います。

矢作 そうですね。増えると思いますよ。楽しみです。なにも心配いらない。

プリミ ラブには、心配と恐怖がないんです。

矢作 そのラブというのは、友愛、親子の愛、夫婦愛…という場合の愛とは違う、高次元につながったときにわれわれが感じる理屈抜きのものですね。一般に至福感と表現されている感覚だと思いますが…とにかく感じるものなんですよ。本当の意味での「愛」。次元が全然違うので、そこの説明はちょっと難しいですよね。

プリミ そう。「愛」って言うとやっぱり恋愛だと思い込んじゃってる人もいて。

矢作 ＵＦＯを動かすのも「愛」なんですよね。「愛」を使った技法が、ＵＦＯを操縦

するための基本的技術だといわれています。

——プリミさん、ＵＦＯを動かしていた過去生があるんじゃないですか？

プリミ　さっき言ったような、矢作さんとおしゃべりしてマッサージしたタイミングで、かなり思い出した感じがあります。
あのとき部屋全体がすごいスイングし出したのは、何かＵＦＯの船内みたいな感じだったので。あとで思うと、あれはＵＦＯの操縦技術みたいなのを急に思い出したんだろうと。

矢作　やっぱりそうなんだ。プリミさんが先に思い出してしまいましたね（笑）
できれば今生で思い出したいものです。亡くなったら全部思い出すんでしょうけど。

プリミ　いまは、宇宙マッサージをしてるときも、そのＵＦＯ操縦状態でやっています。

相手も、スイングを感じたり、チャクラでそれを如実に感じる人も多いです。その体感って、宇宙人時代やラブの感覚を思い出す速度をすごく早めるんですよ。以前とはラブの響き方が違ってきているのを感じています。地球のラブバイブレーションがあがってきているのもありますね。以前もラブを感じていただけていたんですが、今はその度合いが全然違う。

なので、宇宙マッサージをすることの意義をさらに強く感じています。この半年間はＵＦＯ技術を集中的にやっているわけですが、その先にまたなにか新しい環境が現れてくるような気がします。

最近感じるのは、大きなギャップ――「社会のエゴ」にしばられちゃってて魂が自由になれない人と、そこから（抜け出して）ちょっとずつ自由になってきた人とのギャップですね。

――ガチガチにしばられていると、自分の状態を自分で感じるってことができないんじゃないでしょうか。

プリミ　感じるためのアンテナが錆びついている状態の人が多いという感じですね。（宇宙マッサージでは）それを磨いたり掃除したりしているんだと思います、隙間や中にたまっているものを取ったりして。
気持ちよくなれば、気がつくスピードが違ってくる。毎回いろんな状態の人にやりますけど、やるたびに状態が違うし体感も違ってたりするので。
バイブレーションというのは響きなので、ひとりの人がちょっとでもラブになったら、その周りの人にも響いて調和していくんです。だから、自分がまずラブになること。社会にラブを求めたり、「社会に愛がない」なんて言い方をしてしまいがちですが、自分自身がラブになること以外解決の方法ってないんです。

矢作　そのラブというのは、結局、神様とつながっているということですからね。

プリミ　はい。宇宙とつながっているということ。

自分がいかにラブを自覚して、より深いラブの状態になるか。それ以外には気持ちよくなる方法、ＯＫな方法ってないんですよね。
「あっ、自分も愛で生きたい」って思った瞬間から調和がはじまる。ほんとは、だれもが愛のバイブレーションそのものなんですが、それは見えなくされてきているんだと思います。

——段階としては、まず「愛」を一瞬でもいいから体感し、そういうものがあるということを知る。次は、その回数がだんだん増えていくということでしょうか。「あっ、自分はいま愛じゃない」と、はっと気がつく瞬間がだんだん増えていく。

プリミ　そういうことです。

宇宙マッサージをしていると、「あと何回くらいやれば、自分は愛になれますか」みたいな質問をされる方がいるんですが。

矢作　おお、すごいですね（笑）

プリミ　でも、そういうことじゃないんです。「自分がどうありたいか」これが一番重要なことで。自分が無限にラブになりたいと思えば、無限にラブになれるし。

矢作　自分しかない。自分がどうありたいか、ですね。

プリミ　そうなんです。どうありたいか、これだけが重要。「ラブでありたい」と感じれば、ラブじゃない自分に気づく頻度もどんどん増える。そして、言葉や行動にラブがあふれていくようになるんです。そうすると、現実の反応や環境がどんどん変わっていく。

ストレスをかかえたままイライラして人に接すると、相手にそれが伝染していきますが、ラブで接したら全然対応が違ってくる。小児科の女医さんでボクの宇宙マッサージを受けている方がいるんですけど、モンスターペアレンツっていますでしょう？

矢作　ああ、問題な人たちですね。

プリミ　その女医さんは、宇宙マッサージを受ける前は、そういう親を前にすると身構えてたんですって。絶対こういう態度でくるだろうって。

矢作　そうか、お互いにイライラしてぶつかりあうような感じなんでしょうね。

プリミ　それが、宇宙マッサージをうけて、こちらがラブな状態になったら、ぶつかりあう感じにならなくなったんだそうです。それ以後モンスターペアレンツに会うこ

ともなくなったって。ラブになれば、ラブが響くんだってことですね。目にみえないところで。

矢作　すごくわかりやすいですね。そういう例はいっぱいありそうですね。

プリミ　いっぱいあるんです（笑）　結局、自分で経験したり、体感することが重要で。

矢作　そこが一番大切なことですね。宇宙マッサージというものを通じて、みんなが「愛」を感じることができるんだということ。そういう方法があるんだということを知ってもらえたら、この対談の意義は十分ありますね。

――でも、宇宙マッサージができる人がもっと増えないと、需要と供給の差がすごいことになりませんか？

矢作　いいタイミングで、そういう人が現れてくるんじゃないですか。

プリミ　この対談を本にすれば、そういう人がでてくるかもしれないです。もう現れてはいるんですけど…あとは、ラブの認識次第です。実感と体感と。

――でも「ウソをつかなくて、エゴがなくて」といわれると…（笑）

プリミ　そこであきらめられちゃうと困りますね（笑）

――でも目指したいですね。

矢作　そうですね。生きてる目的もそこですね。

やっぱり、現代の人は、頭を使い過ぎなんだと思いますよ。忙しさにかまける、というか、忙しがることによって、そういうものをあえて感じなくなってるということがありますよね。

プリミ　そういうシステムになっているんでしょうね。それも一種の洗脳だと思います。でも、実際は、イライラしながらやるより、ラブを使ったほうがずっと速いし気持ちいいんですね、何をやるにも。たとえば掃除なら掃除をやるにも、完全にラブになって、わ〜ってやったらすごく気持ちいい。

そのイライラしてしまう人も、ラブになった瞬間に、助けてくれる人が現れたりする。「宇宙愛」と響き合うと、そういうことが必ず起こります。

対談を終えて

白井　剛史（プリミ恥部）

矢作直樹さんと初めて会って「宇宙おしゃべり」をしました時から、愛を奥深くまで響きあえる方だととても感じました。それは、地球上の常識や理屈などまったく取るに足りないものだと、深く深く実感できるものでもありました。

人にとって、魂で愛を響き合えることほど、幸せなことはありません。

「愛をつかう」ことから始まる、ありとあらゆるものとの縁は、無限ともいえる愛の調和を起こしつづけてくれます。

そうやって実現した、この「宇宙愛」対談は、「持っただけで愛が響いてしまう本」をつくりましょうということで始まりました。

まさに矢作直樹さんは、「愛の本」をご一緒できる人でしたし、こうやって完成した今でも、ますますそのインスピレーションは深まっています。

言葉を超えてうまれたこの本の「愛」を、みなさまに感じていただけましたら、うれしいです。

矢作　直樹

プリミ恥部さんの「宇宙おしゃべり」で初めてお会いして、「宇宙マッサージ」を受けたときのこと。じゃあ、といった調子でいきなり始まった〝マッサージ〟に、ほどなく至福の光の体感とともにゆるやかなブランコに乗っているようなスイング感に包まれました。まさに「愛をつかう」人による、魂の理屈抜きのすごい共振を共有させていただきました。

本書をお手に取ってくださった方々には、プリミ恥部さんのすごさがいかんなく発揮されていることがおわかりになると思います。ふだん多くを語らないプリミ恥部さんが、ご自身の思いのたけを静かな声で話されるのをうかがっていて、深く感動させられました。活字になるとそのすごさがよりはっきりとわかりました。

「愛とは適切な距離を保って見守ること」という短い言葉に真理が表現されています。このようなご縁をいただけたことに深謝いたします。

本書が皆様のこころに調和して響きましたら望外の喜びです。

矢作直樹

東京大学大学院医学系研究科救急医学分野教授 / 医学部附属病院救急部・集中治療部部長。

1956 年、神奈川県生まれ。金沢大学医学部卒業。

国立循環器病センターの外科系集中治療科の医師、医長などを歴任。1999 年、東京大学大学院新領域創成科学研究科環境学専攻および工学部精密機械工学科教授。2001 年より現職。著書に『ひとは死なない』(バジリコ)、『魂と肉体のゆくえ』(きずな出版)、『天皇』(扶桑社)など多数。

白井剛史(プリミ恥部)

宇宙 LOVE アーティスト、歌手。
1975 年、静岡県生まれ。日本大学農獣医学部卒業。
1st アルバム「シュペルヴィエル」、2nd アルバム「プリミ恥部な世界」を発表。 LAWSON HMV ONLINE 「プリミ恥部の宇宙おしゃべり」に、さまざまなゲストとの対談を連載中。フェリシモとコラボレーションした「Haco. ×プリミ恥部 LOVE・宇宙パジャマ」制作。朝日新聞出版 Nemuki +「謎のあの店」でマンガのモデルに。 著書に『樹ぴター』(文芸社) など。

気をつかわずに愛をつかう──矢作&プリミ「宇宙愛」対談

2014年7月30日 第1刷発行
2014年9月10日 第2刷発行
2018年5月24日 第3刷発行
2019年12月15日 第4刷発行

著　者　　　矢作 直樹　白井 剛史
発行所　　　㈱アーバンプロ出版センター

〒182-0006 東京都調布市菊野台2-23-3-501
TEL 042-489-8838　FAX 042-489-8968
URL http://www.urban-pro.com　振替 00190-2-189820

装丁・デザイン　みやしたともこ（デザインポット）
印刷・製本　　　シナノ

 ISBN9784899812449 C0095